Karl Büttinghausen

Ergözlichkeiten aus der Pfälzischen und Schweizerischen Geschichte

und Litteratur in welchen Nachrichten von seltenen Büchern, wichtige Urkunden, merkwürdige Briefe und verschiedene Anmerkungen enthalten sind. Zweites Stück

Karl Büttinghausen

Ergözlichkeiten aus der Pfälzischen und Schweizerischen Geschichte
und Litteratur in welchen Nachrichten von seltenen Büchern, wichtige Urkunden, merkwürdige Briefe und verschiedene Anmerkungen enthalten sind. Zweites Stück

ISBN/EAN: 9783743437746

Hergestellt in Europa, USA, Kanada, Australien, Japan

Cover: Foto ©ninafisch / pixelio.de

Weitere Bücher finden Sie auf **www.hansebooks.com**

Carl Büttinghausen,

öffentlichen Lehrers der Kirchen-Geschichte und
Beredsamkeit, auch Reformierten Predigers
zu Heidelberg,

Ergötzlichkeiten

aus der

Pfälzischen und Schweitzerischen
Geschichte und Litteratur;

in welchen

Nachrichten von seltenen Büchern, wichtige Urkunden, merkwürdige Briefe und verschiedene
Anmerkungen, enthalten sind.

Zweytes Stück.

Zürich; bey Orell, Geßner und Compagnie.
1768.

XI.

Kurze Nachricht von der *Olympia Fulvia Morata*.

Diese *Olympia* macht so wol der Schweiz, als der Pfalz Ehre. Ich glaube zwar nicht, daß sie zu Heidelberg öffentlich gelehret; doch liefet man daselbst noch ihre Grabschrift, welche sich nicht in Sacello academico befindet, wie Nolten in seiner Ao. 1731. gehaltenen Disput behauptet, sondern auswärts an die Peters-Kirche eingemauert ist. Basel aber hat die Ehre, daß daselbst ihre Schriften gedruckt worden. Wir wollen jetzt ein Paar Gelehrte, die in ihren Briefen vorkommen, anführen.

Der erste ist Andreas Campanus. In der Ausgabe vom Jahr 1562. steht S. 166. 167.

ein Brief desselben vom Jahr 1555., aber ohne Meldung des Orts; und S. 218. wiederum ein Brief, welcher unterschrieben ist: *Mosburg VIII. Calend. Dec.* 1555. Was dieses Mosburg vor ein Ort ist, kann ich aus meinem Exemplar bestimmen. Ich besitze nemlich die Ausgabe vom Jahr 1558., wo Campanus folgendes hineingeschrieben: „*Andreas Campa-*
„*nus, Suinfordanus, hunc libellum Magistro*
„*Joanni Strubino, tanquàm fratri carissimo*
„*& suavissimo amico, amoris probatæque fidei*
„*ergò dono dedit Mosbachii 3. Calend. Augusti*
„*Anno Salutis 1559.*„ Das Wort *Mosbachii* ist so geschrieben, daß man leicht *Mosburgii* lesen könnte. Ich schliesse hieraus, daß in der oben angeführten Unterschrift *Mosburg* ein Druckfehler sey, der aus der undeutlichen Handschrift des Campani entstanden; und daß Campanus dazumal zu Moßbach gewohnet. Und so konnte er von dort aus leichtlich etwas an die *Moratam* „senden; und sie konnten ohne grosse Mühe zusammenkommen und sich besuchen. Ich lerne ferner hieraus, daß dieser Campanus von Schweinfurt gebürtig, und also ein Landsmann des *Grunthleri*, des Ehegemahls der *Moratæ* gewesen. Welche Bemerkung nicht wenig zur Erläuterung dieser Briefe dienet.

Der

Der andere Gelehrte ist *Chilianus Sinaprius*, an welchen unsere *Morata* in der Ausgabe vom Jahr 1562. S. 83. und 85. also schreibet: *A te primùm Græcæ Linguæ Elementa principiumque sumsi.* In *ADAMI Vitis Germanorum Medicorum* S. 118. werden diese Worte auf den *Jo. Sinapium* übergebracht. Wo man also den *Jo. Sinapium* mit dem *Chiliano Sinapio* verwechselt; welchen Fehler noch niemand (so viel mir bewußt) bemerket hat. Sonsten kommen noch verschiedene Namen in der *Moratæ* Schriften vor, die mir unbekannt sind; z. B. Hier. *Angenosius*, *Jo. Damasius*, Gandanus, *Ofemianus*, J. C. *Eutycho Pontanus*, Gallus, *Wolf. Rupertus*, olim Marchio, nunc Pastor Ecclesiæ Dei in Ehrenfridersdorf, *Guil. Ruscalonus*; wenn mir jemand davon Nachricht ertheilen wollte, geschähe mir ein Gefallen. Auch wünschte ich zu wissen, ob nicht irgend ein Portrait oder Kupferstich dieser *Moratæ* anzutreffen sey.

XII.

Verzeichniß einiger seltenen, die Schweitz und Pfalz betreffenden Bücher.

Da ich in diesen Ergötzlichkeiten mehrentheils solche Artickel liefere, welche die Pfalz und Schweitz zugleich betreffen, so werde ich in diesem Verzeichniß eben so zu Werke gehen. Ich folge aber, so viel möglich, der alphabetischen Ordnung.

I.

Beza (Theod.) Von demselben besitze ich folgende hiehin gehörende Stücke:

1.) Kurze Bekenntniß des Christlichen Glaubens durch Theodorum von Beße, in 34. Articul zusammen gezogen. Aus Frantzösischer Sprach ietzt neuwlich verteutscht. Gedruckt zu Haidelberg durch Ludwig Lück, MDLVII. 29. S. S. in 4. Diese Schrift enthält die Lehre der Reformierten, sonderlich vom Heil. Abendmal, recht deutlich; und ist doch unter der Regierung Ott Heinrichs ohne Schwierigkeit zu Heidelberg gedruckt worden.

2.) Sendbrieff Theodori Bezä an Churfürstliche Durchleuchtigkeit zu Sachsen, die Spaltung

Spaltung von der Majestät und dem Abendmal unsers Herrn JEsu Christi belangend. - - Aus dem Latein verteutschet. Gedruckt in der Churfürstlichen Statt Heidelberg durch Johannem Meier. 19. S. S. in 4. Am Ende lieset man: Gegeben zu Genff den 18. Febr. im Jar der letzten Zeit 1572. In den Epistolis Theologicis *Bezæ*, welche zu Genf Ao. 1575. in 8. herausgekommen, steht Num. LXI. S. 273 - 275. auch ein Brief an den Churfürst von Sachsen, der unterschrieben ist: *Geneva, VI. Martii* 1572. Er ist aber von dem obigen ganz unterschieden.

2.

Brentii (Jo.) Confession, Lehr und Bekanndtnuß vom Streit über den Worten des Heil. Nachtmals Christi, die er sammt andern Theologen in Schwaben wider Zwinglium, Oecolampaden und Carolstaden im Jar 25. und 29. geschrieben und geführt. - - - Auß dem Brieff *Syngramma* genannt, und der *Exegesi*, so *Brentius in Johannem* geschrieben, mit Fleiß zusammen gezogen und getrewlich verteutschet. Item D. *Pauli Eberi*, Wittembergischen Pfarrherrns, erste Confession seſſion und Erklärung, ſo er für ſich und andere Theologos daſelbſt, von wegen obbemeldten Streits geſtellet, und im Decemb. 1561. zu Dreßden übergeben. MDLXXVI. 116. S. S. in 4. Am Ende ſteht: Heydelberg bey Johann Mayer, im Verlag Mattheus Harniſch 1576.

3.

CALVINI Inſtit. Relig. Chriſt. Davon ſind mir folgende hiehin gehörige Ausgaben bekannt:

1.) *Calvini Inſtitut.* verteutſcht - - ſampt der Univerſitet Heydelberg Theologen und Kirchendiener Vorred, auch H. *Calvini* Catechiſmo. Heydelberg durch Joh. Mayer 1572. in Fol. Herr Gerdes liefert uns in den *Novis Miſcell. Groning.* Tom. II. Part. I. S. 451-477. eine Hiſtoriam litterariam *de Calvini Inſtitutione Religionis Chriſtianæ*, und handelt §. XVII. S. 464. von den deutſchen Ueberſetzungen. Allein unſere Ausgabe iſt ihm unbekannt, und führet nur eine an, die zu Hanau Ao. 1597. in 4. gedruckt worden, und welche ein Nachdruck von der unſrigen zu ſeyn ſcheinet. Herr Köcher in der Catechetiſchen Geſchichte der Reformierten Kirche Cap. VII. kennet

net auch diese Heidelbergische Ausgabe des Catechismi Calvini gar nicht.

2.) Deutsch sind sie auch herausgekommen zu Heidelberg Ao. 1608. in 4. Sehet Becmanns *Catal. Bibl. Francof.* S. 54.

3.) Eben daselbst S. 54. wird auch angeführet: Summarischer Begrif der Lehre von den Sacramenten; aus dem IV. Buch der *Institut. Calvini.* Neost. 1592. in 4. welches Herr Gerdes l. c. aus der Acht gelassen. Bey dieser Gelegenheit wollen wir noch einiges hinzufügen. Herr Gerdes l.c. §. XVIII. p. 465. hat nur eine Holländische Uebersetzung vom Jahr 1614. Allein es sind auch noch andere vorhanden. Z. B. in *Catal. Ultraj.* unter den theologischen Büchern in 4. steht S. 6. *Calvini Instit.* Dordr. 1578. in 4. Belgicè. Und in *Biblioth. Emtinckiana*, so Ao. 1753. zu Amsterdam herausgekommen, lieset man Part. I. S. 13. n. 532. folgendes: *Institutie ofte Onderwysinge in de Christelyke Religie*, *door* Joan Calvin; *t'Amst.* 1645. Fol.

4.

CLERICI (Dav.) *Lacrumæ Haidelbergenses.* 16. S. S. in 4. Auf dem Titul-Blatt steht

steht nichts, als: *Lacrumæ Haidelbergenses;* wenn man aber umschlägt, siehet man folgende Dedication: *Nobilissimo & Amplissimo Viro* ELIÆ DEODATO *JCto. DAVID CLERICUS offert dicatque;* und aus der S. 3. lernet man das Werk näher kennen, wo folgende Ueberschrift ist: *Lacrumæ Haidelbergenses; sive Halosis Haidelbergæ Versibus expressa Promotionibus An.* MDCXXIV. In diesem Jahr ist dieses Gedicht auch gedruckt worden, wie man aus der Vorrede, die den *Quæstionibus Sacris* dieses CLERICI Ao. 1685. vorgesetzet ist, lernet, wo es also heißt: *Scripsit Anno* 1624. Lacrumas Heidelbergenses, *quibus deflet ἅλωσιν urbis illius, in qua jucundè admodùm apud Gruterum suum vixerat, quòd Poëma tum editum fuit.* Dieses schöne Gedicht, welches selbst dem berühmten Joannis in der dem *Pareo* vorgesetzten und von Scriptoribus chorographicis Palatinatûs handelnden Vorrede unbekannt geblieben, verdiente wol eine neue Auflage. Zur Probe wollen wir Genf als eine mitleidige Schwester des unglücklichen Heldelbergs anführen. Nachdem *Clericus* gleich Anfangs bekennet, daß aus dem Klagen und Trauren ein geringer Trost entstehe; fähret er doch also fort:

Sic

*Si tamen Isacidæ Babylonia flumina fletu,
Et lacrumis auxére suis, si Musa Maronis
Æterno flevit plectro dispendia Trojæ,
Fas mihi sit, veneranda Patrum, Populique
Corona,
Haidelbergenses versu planxisse ruinas.
Fratribus, heu! nostris lacrumas debemus,
amatæ
Quidve soror potuit debere Geneva sorori
Hoc si non potuit?*

§. 5.

FABRICIUS. (Jo.) Von dem *Jo. Fabricio Montano* handelt der gelehrte Herr Jo. Albert Fabricius in *Fabriciorum Cent. I.* S. 51. 52. und *Cent. II.* (*) Am erſten Ort lieſet man: *Ejus extat Oratio, quâ probare conatus est, Concilium Tridentinum sine scelere à Christianis frequentari non posse,* Basil. 1593. 4.
apud

(*) *Cent. I.* S. 69. *Cent. II. p.* 101. wird *Septimius Andreas Fabricius* angeführt. Folgende daſelbſt ausgelaſſene Schrift habe ich eben bey der Hand: *Disquisitio medica de Catulis Hydrophoborum, quam conscripsit SEPTIMUS* (nicht *Septimius,* wie es in den *Cent.* heißt,) *ANDREAS FABRICIUS, Norimbergensis.* Patavii. 1665. in 4.

apud Oporin. Huic Petrus Fontidonius Ora‑
*tionem pro Concilio Tridentino oppoſuit, editam
anno eodem Venetiis,* 4. *Reſpondit noſter tum*
Fontidonio *illi, tum* Cardillo Hiſpano. In
der andern Cent. wird hinzugeſetzt: *Hujus pro
Evangelica Chriſti Eccleſia adverſus Pontificios
Hiſpanos* (Fontidonium Segovienſem, & Car‑
dillum, *Concilii Tridentini Hyperaſpiſtas,*)
Defenſio prodiit 1565. 8. Und dieſe Vertheidi‑
gung wollen wir nun etwas näher kennen lernen.
Sie hat folgenden Titul: *JO. FABRICII Mon‑
tani pro Chriſti Eccleſia, adverſus improbas*
Fontidonii & Cardilli *Hiſpanorum, pro Con‑
cilio Tridentino, calumnias, ad Germanos juſta
Defenſio. Excudebat* Thomas Curteus 1565.
212. S. S. in 8., ohne die Dedication an den
Churfürſt Friederich III. von der Pfalz, wel‑
che unterſchrieben iſt: *Curiæ Rhetorum* 1564.
Calendis Auguſti. Der Verfaſſer giebt davon
folgende Urſach: *Quùm Orationem ad Germa‑
nos Principes neceſſariò convertam, apud quos
in graviſſimum capitis judicium accerſor, &
Celſitudo Tua inter illos omnes non modò gene‑
ris auguſto ſplendore, ſed & pietate ac virtu‑
tibus omnibus excellat, non putavi, alium re‑
periri poſſe magis idoneum, apud quem hunc
meum*

meum laborem, quem pro tota Germania suscepi, majore cum fructu & emolumento, majore etiam spe & fiduciâ deponerem: quùm præsertim Celsitudinis Tuæ nomen & Scholæ Tuæ Heidelbergensis Doctores, à Cardillo nominatim reprehensos, hoc meo Scripto ab injuria constituerim vindicare. Er setzt hinzu, Erastus werde diese Schrift ferner empfehlen; von welchem er endlich schreibt: *Quem scio apud Celsitudinem Tuam pro sua eruditione & virtute præcipuo loco & gradu esse.*

6.

Gegenwarnung auf D. Johannis Matthei verschlagene lesterliche Warnung, darin gründtlich bewiesen und außgeführet wird, daß er noch, wie vor, seiner Bekanntnuß halben vom Heil. Abendmal unaufrichtig handle, und demnach uns und andern, die er für Calvinisten und Sacramentschwermer außschreit, sonderlich aber H. Johanni Calvino in Anziehung seiner Außlegung über etliche Oerter der Heil. Schrifft von der ewigen Gottheit und Geburt Christi vom Vater, Gewalt und Unrecht thue. Gestelt durch die Kirchendiener in der obern Fürstlichen

Pfaltz

Pfalz zu Newmarckt. Gedruckt zu Newstadt an der Hardt, durch Matthäum Harnisch. MDLXXXIIII. 73. S. S. in 4. ohne die Vorrede, welche uns von diesem Mattheo Nachricht giebt. Struv in der Pfälzischen Kirchen-Historie Cap. V. §. LVIII. p. 235. (*) hat aus dem Alting einiges, so wir aus dieser Gegenwarnung, die Herr Struv nicht gekannt, ergänzen können. In der Vorrede wird von seinem Leben verschiedenes gemeldet, so wir kurz zusammenzuziehen gedenken:

„Er ist vor etlichen Jaren zu Amberg,
„hernach aber, und weil er die ihm von Fri-
„drichen III. vorgeschlagene Pfarr zu Viech-
„tach nicht annemmen wollen, zu Heidelberg
„Hoffcaplan geweßt. Da er aber einmal des-
„wegen, weil ein Diener mit dem Essen über
„einen Hund gefallen, vor der Churfürstlichen
„Tafel mitten im Gebett überlaut zu lachen
„angefangen, wurde er auf höhere Verordnung
„nach Eberbach am Neckar als Pfarrer gesetzt,
„von dannen er gen Eppingen und ferner gen
„Brettaw gekommen; wo er in die Doctor-
„sucht gerathen, die ihme Pfalzgraf Friderich
„Churfürst

(*) Man vergleiche auch Cap. V. §. XLI. S. 164.

,, Churfürst weder mit seiner Churfürstlichen
,, Handschrift, noch andern vielfältigen Ermah-
,, nungen hat heilen können. Dann als der
,, Churfürst auſſer Lands, wurde er Doctor.
,, Der Churfürst hat einmal geurtheilet, es sey
,, der Ehrgeitz die allergefährlichste Krankheit
,, an diesem Mattheo. Und da er zu Heidel-
,, berg des Wiedertaufs und Arianismi halben
,, verhöret worden, habe der Churfürst gesagt:
,, Wir haben nicht gern gesehen, daß ihr
,, seyd Doctor worden; denn es ist uns
,, wol vorgewesen, wann ihr ein Doctor
,, werdet, so würdet ihr etwas anfangen.
,, Doch ehe diese Dinge ausbrachen, wurde er
,, nach Amberg, weil er zuvor daselbst bekaut
,, gewesen, gesendet, um die allda angefangene
,, Reformation fortzusetzen. Daselbst fieng er an,
,, wider *Hammelmannum* und *Gallum* zu schrei-
,, ben; gab vor, man solte ihn hinder die Lu-
,, theraner laſſen, er wüßte die Griff, ihnen
,, beyzukommen, und sie mit Argumenten zu
,, halten. Unterdeſſen ließ er sich bey etlichen
,, vermerken, wens einmaal zum Exilio kom-
,, men solte, so wolte er sich, mit seiner Weis
,, zu reden, bey den Lutheranern wol ver-
,, kauffen und hinbringen. Es ware ihm
,, auch)

„ auch höchst verdrießlich, daß man seine Bü-
„ cher nicht alsbald und ohne alles Bedencken
„ zu Heidelberg drucken wollte. Er verfiel auf
„ die Wiederteufferey, und schrieb ein Büchlein
„ lateinisch und teutsch wider den Kindertauff, da-
„ von die Pfälzischen Theologen schreiben: So wir
„ noch bey Handen haben; davon er, wie wir
„ wol mercken, den von Wittenberg wenig
„ gesagt. Er machte sich ferner über das Buch
„ *Serveti*, und sagte: *Servetus* hette ein gute
„ Sach gehabt; allein hette er sie nicht recht
„ führen können. Auf der offentlichen Cantzel
„ predigte er, der innerliche Unterscheid zwi-
„ schen den dreyen Personen in der einigen
„ Gottheit sey nichts, und aus GOttes
„ Wort nicht zu beweisen. Als nun solches
„ zu Heidelberg angebracht, und er darüber zu
„ Red gesetzt (*), ist er seines Diensts zu Am-
„ berg

(*) Die Pfälzischen Theologen bemercken, daß Matthäus zwar von Ehrembs aus durch einen Brief um GOttes willen gebetten, diese Handlung nicht zu offenbaren; allein, daß die, so vor der Zeit aus Mitleiden, und Hoffnung der Besserung, auch weiter Aergerniß zu verhüten, das Beste bey ihm gethan, jetzt zu Rettung der Wahrheit und Ehre GOttes nicht schweigen könnten.

„ berg entsetzt worden. Er wandte sich darauf
„ gen Genff, führte grosse Klag über die mit
„ ihme zu Heidelberg gepflogene Handlung,
„ und bewegte die Theologos daselbst, daß sie
„ Bericht von Heidelberg begerten, welche aber
„ nach Verlesung der Acten zurückgeschrieben,
„ und bekannt: Daß sie ihn anderst nicht
„ können als einen Arrianer befinden, und
„ deswegen den in seiner Sach ergangenen Ab-
„ schied nicht unrecht heissen. Da er endlich
„ nach Tübingen zog, erhielte er Empfehlungs-
„ Schreiben an die von Chrembs; kehrte aber
„ nichts destoweniger zu Amberg bey seinen al-
„ ten Pfarkindern ein, bezeugte mit Thränen
„ bey dem Gericht GOttes, daß er bishero
„ vom Nachtmal nichts unrechts gelehrt. Wor-
„ auff er die Tübingische Commendation-Schrif-
„ ten verbrennen lassen, und mit gegebener
„ Hand zugesagt, bey seiner vorigen Lehr
„ und Meinung vom H. Abendmal zu blei-
„ ben. Bald darauf wird sein Widerruff zu
„ Regensburg gedruckt, und er läßt sich von
„ den Chremsern zum Kirchendienst bestellen.
„ Von dannen muste er, obschon andere Evan-
„ gelische Prediger noch öffentlich daselbst lehr-
„ ten, weichen, und kam nach Wittenberg,

B

„ wo

„ wo er herausgabe: Warnung vor dem Gifft
„ der Calvinischen Sacrament-Schwerme-
„ rey. (*)

Gegen diese Schrift ist nun eigentlich die Pfälzische Gegenwarnung gerichtet. Denn ob man
schon Pfälzischer Seits aus vielen erheblichen
Ursachen, die man auch der Länge nach anführet, Bedenken getragen, einige Antwort zu geben; so erinnerten doch andere, daß bey gänzli-
chem Stillschweigen die Leute Mattheo glauben
möchten, ihm wäre Unrecht geschehen, da er
aus der Pfalz gewiesen worden. Ja er sey weiter gegangen, dann alle seine Gesellen, da er
allen Ständen des Reichs gar untheologisch vor-
gegriffen, indem er die Reformierten nicht nur
aus GOttes Reich, sondern auch aus dem Re-
ligions-Frieden gesetzet. Was von der Person
Christi und seinen beyden Naturen in der Warnung hin und wieder mit untergemischt war,
haben die Pfälzischen Theologen deswegen hintan-
gesetzt, weil solches von den Anhaldischen ge-
nugsam widerlegt sey. Zuletzt fodert man von
dem

(*) Wittemb. 1582. in 8. Sehet Becmanns
Catal. Biblioth. Francof. S. 192., wo auch
noch andere Schriften, die er gegen die Reformierten herausgegeben, vorkommen.

dem Mattheo, er solle sein Büchlein wider den Kindertauff selbst widerlegen, auf welchen Fall man der Universität Wittemberg das Buch wider den Kindertauff gern zuschicken wolle. Aus dem Tractat selbst bemerken wir noch folgendes:

S. 2. „D. Mattheus, weil er in der
„Pfalz gewesen, hat wider *Hamelmannum* ein
„Buch geschrieben, so bishero noch ungedruckt.

S. 34. „Johann Grunius, weyland
„Rector der Churfürstlichen Closterschul zu Am-
„berg, der durch Matthei Beförderung jetzt
„auch Professor zu Wittemberg seyn soll, hatte
„alsbald nach veränderter Herrschaft zu Am-
„berg bey der neuen um Dienst angehalten,
„mit dem Fürgeben, ob er wol mit den Re-
„formierten communiciert, so habe ers doch
„nie recht mit uns gehalten. Er erhielte aber
„diesen Bescheid: Weil er dann die vorige
„Herrschaft betrogen, sey ihme ferner nichts
„zu vertrawen.„

7.

Goelern (Fried.) Dessen nicht gemeine Schrift schildert uns den betrübten Zustand in dem dreyssigjährigen Krieg. Sie hat folgenden Titul:

„Spiegel

„ Spiegel des teutschen Landes, in welchem
„ erstlich der grausame Jammer des vorherge-
„ henden teutschen Krieges, darnach der tausent-
„ reiche Segen des erfolgten Friedens, Ge-
„ sprächs- und Reimsweiß in lateinischer und
„ teutscher Sprach gewiesen wird, gestellt durch
„ Fridrich Goelern, Pfarrern zu Moschlen
„ und Inspect. der Kirchen Meysenheimer-
„ Amts. Basel. 1658. in 8.

In der Vorrede wird insonderheit erzählt, was sich dazumal im Meysenheimer-Amt zugetragen.

8.

GRYNÆI (Jo. Jac.) *Epistolarum Libri duo.*
ABRAHAMUS SCULTETUS *boni publici causâ collegit, digessit, Summulis illustravit.* MDCXII. *Offenbaci,* Typis *M. Georgii Beati,* Impensis *Jonæ Rhosæ.* 526. S. S. in 8.

Diese seltene Sammlung Schweizerischer Briefe enthält vieles, so die Pfalz angehet. Man findet

S. 1-43. einen Brief *ad Fridericum IV., Electorem Palatinum, de sæpe repetita Ecclesiæ militantis reformatione.* Basileæ, Calend. Apr. an. 1588. Ferner

S. 102

S. 102-105. einen Brief ad illuſt. D. *Joannem Albertum*, Comitem Solmenſem, magnum aulæ Palatinæ Electoralis Magiſtrum, Baſileæ, 4. Nov. 1606., in welchem Grynäus S. 104. von den Zeiten Philipps, Churfürſten von der Pfalz, folgendes meldet:

„ Occurrit inſignis floſculus hiſtoricus, non
„ è libris petitus, ſed ante 46. annos ex ore
„ egregii ſenis, nobilis viri, à me perceptus.
„ Cùm circumcirca Palatinatus oppugnaretur,
„ unus Marchio - Badenſis *Chriſtophorus*, non
„ modò pacem inviolatam ſervavit, ſed
„ etiam ſuis quibusdam monentibus, vel per
„ litteras jam recuperari ea poſſe, quæ pater
„ *Carolus* amiſiſſet, reſpondit: Ehr und Eyd
„ gilt bey uns mehr, dann Landt und Leut
„ gewinnen. *Pater meus fidem dedit FRIDE-*
„ *RICO Victori; hanc ipſe inviolatam ſervabo.*
„ O vocem dignam Germano Principe! „

Darauf rühmet er die Anordnungen Churfürſten Friderichs IV.

S. 179-187. findet ſich ein Brief ad *Fridericum* IV. Ludovici Electoris Palatini filium & hæredem, *de officiis Principis adoleſcentis*. Sept. 1584.

S. 382-400. liefet män eine Rede, die er bey der Promotion des *Michaëlis Philippi Beutheri* gehalten, wo er S. 382. *Joannem* Seniorem, Veldentiæ & Sponhem. Comitem insbesonder rühmet. Sonsten findet man in den Monumentis Pietatis, wovon wir bald reden werden, P. II. S. 129-145. ferner S. 157-170. auch verschiedene Briefe dieses Grynæi ad *Lingelshemium* & *Hippolitum de Collibus*.

9.

HESSIANDRI (Chriſtiani) *Refutatio Dogmatis de fictitia carnis Christi omnipræsentia & reali idiomatum in ipsis naturis communicatione. Cum Theodori Bezæ Vezelli præfatione de eodem argumento.* Heidelbergæ apud *Joannem Maier.* MDLXXVI. 246. S. S. in 8. ohne die Vorrede, welche 4. Bogen beträgt und an den Landgrafen Wilhelm von Hessen gerichtet, und unterschrieben iſt : *Geneva*, VI. *Idus Martii* 1571. (*) In *Becmanni* Catal. Biblioth. Francof.

(*) In Epiſtolis Theologicis *Bezæ*, welche zu Genf Ao. 1575. gedruckt worden, findet man Num. LXII. S. 276. noch einen andern Brief vom 11. Merz Ao. 1572. ad *Gulielmum*, Landgravium Heſſiæ.

Francof. p. 145. siehet man diese Schrift auch vom Jahr 1571. in 4. und vom Jahr 1583. in 8. zu Neustadt gedruckt. Nichts destoweniger hat sie sich jetzt selten gemacht.

10.

Lobspruch der tapffern und mannhaften Prättigauwern, im 10. Grichten Pundt, alter hoher Rhetierlands. Was GOtt durch ihre Brügel gegen ihren Feyenden den Spaniern, Italieneren und Oesterreichischen gwürkt hat, in diesen letsten betrübten Zeiten allen freyen Völkern zur Erinnerung, Trost und Nachrichtung gestelt, durch das GOtt lieb Rainckli. Gedenckt im Jahr 1622. in 8. Die Verse sind nach dem Geschmack derselben Zeit. Doch gehöret dieser Bogen zu den Documenten des 30. jährigen Kriegs.

11.

Monumenta Pietatis & literaria. Franff. 1701. in 4. Stoll in der Nachricht von seiner Bibliothek, Theil II. N. XLII. S. 114.-117. hat viel merkwürdiges davon, nennet aber das Jahr 1702. als das Druckjahr. Liebhaber der Pfälzischen

Pfälzischen und Schweizerischen Geschichte werden in diesen Monumentis gar vieles antreffen, so sie sonst vergebens suchen. P. I. S. 129-250. ist des *Altingii* Historia Ecclesiæ Palatinæ zuerst abgedruckt, welche aber An. 1728. aufs neue zu Grönigen durch Adam Menso Ifinck in 4. herausgegeben worden, weilen, wie er in der Vorrede meldet, die erste Ausgabe nach einem fehlerhaften *MS.* abgedruckt ware. Doch haben sich auch in dieser neuen Ausgabe Fehler eingeschlichen, so aus der alten zu verbessern. Dem Hof- und ersten Predigern zu Cleve, Hrn. Harding von Hamm, habe ich ein ander *MS.* dieser Pfälzischen Kirchengeschichte zu verdanken, dessen ich mich in einer neuen Ausgabe zu bedienen gedenke.

12.

Widerlegung der Schein-Argumenten der München und Pfaffen, dadurch sie vermeynt, die rechtgläubige Christen in der Pfaltz und anderstwo papistisch zu machen. - - Gestellt durch - - - Æ. T. Diener göttlichen Worts zu S. 1645. 136. S. S. in 12. Die Vorrede ist gerichtet an die fromme und in der Warheit beständig verblibene Christen
in

in der Chur-Pfalz, und an andern Orten, da die Verfolgung - - - hat gewäret etliche zwantzig Jahr. Der Verfasser giebt sich nur durch die Buchstaben Æ. T. in etwas zu erkennen; der Ort des Drucks wird aber gar nicht gemeldet. Allein dieses Æ. T. zeigt den *Ægidium Tonsorem* an, und der Tractat ist zu Basel gedruckt. Ich beweise dieses aus einer andern Schrift, die mit eben solchen Buchstaben und Titel-Vignetten gleichfalls in 12. herausgekommen. Der Titel lautet also: Ein geistliches und christliches Gespräch von der Gnadenwahl, gestellet durch *Ægidium Tonsorem*, Dienern am Wort GOttes zu Schafhausen im Münster, und Pfarrer zu Büsingen. Gedruckt zu Basel, bey Georg Decker 1645.

XIII.

Etwas von den Schriften *Marq. Freheri.*

Im Jahr 1762. wurde zu Regenspurg aufs neue in 4. aufgelegt: *FREHERI de secretis Judiciis olim in Westphalia usitatis &c. Commentariolus, rariolus*, welchem Herr J. H. D. Göbel eine Vorrede vorhergehen laſſen *de Scriptoribus horum judiciorum, nec non de Vita Scriptisque Freheri.* Das Leben Freheri wird uns daſelbſt beſchrieben S. 39-62.; ſeine Schriften aber S. 63-96., wobey folgendes zu bemerken:

I.) In unſern Ergötzlichkeiten wurde n. X. S. 49. 50. von dem Brief gehandelt, welchen Freher wegen der Maynziſchen Ausgabe des *Anaſtaſii* herausgegeben. Herr Göbel nennet zwar denſelben nicht unter den Schriften *Freheri*; handelt aber doch in der Lebens-Beſchreibung S. 59. 60. Nota *m* von dieſer Ausſage des *Salmaſii*, und vertheidiget dieſe allgemeine Ueberlieferung gegen den *Bayle*; wo man aber noch des Heideggers *Hiſt. Papat.* S. 57. 58. hätte loben können.

II.) Herr Göbel führt S. 75. N. 28. Frehers Tractat an *de re monetaria*, und ſagt, die erſte Ausgabe in 4. ſeye gedruckt *Lugduni* 1605. Und dieſes *Lugduni* ſteht auch in Beckmanns *Catal. Biblioth. Francof.* S. 110., in *Catal. Biblioth. Lugdun.* S. 302. und überall, wo ich etwas davon angetroffen. Doch dieſes iſt ein kleines Verſehen, ſo aber in Abſicht auf die Pfalz etwas mehr zu bedeuten hat. Des

Frehers

Frehers Tractat ist weder zu Lyon, noch zu Leyden herausgekommen. Auf meinem Exemplar steht: *Lubduni apud Gothardum Vœgelinum MDCV.* Dieses *Lubduni* liefet man mehrentheils aus Uebereilung *Lugduni*; da es doch Ladenburg, eine nahe bey Heidelberg liegende Stadt bedeuten soll. Die Zueignungs-Schrift an die 3. geistliche Churfürsten, und an den Churfürsten Friederich IV. von der Pfalz, setzt diesen Umstand ausser allen Zweifel; sie hat folgende Unterschrift: *Luboduni IV. Non. Mart. MDCV. Marq. Freherus.* Daß Freher eine Abhandlung *de Lupoduno* herausgegeben, und dadurch unser Ladenburg verstehe (*), ist bekannt; ich halte aber mein Exemplar *de re monetaria* jetzt um so viel höher, weil ich daraus nicht nur das allenthalben wie ein Strom eingerissene *Lugduni* verbessern kann, sondern auch dieses unter allen mir bekannten Büchern das einzige ist, welches Ladenburg auf dem Titul-Blatt führet. Ladenburger-Ausgaben sind bishero allen und jeden unbekannt gewesen.

Daß

(*) In CLEMMII *Amœnit. litter.* S. 221. u. f. ist dieselbe aufs neue mit Anmerkungen abgedruckt; und S. 503. u. f. liefet man *Jo. Chr. Volzii* Spicilegium de Lupoduno Alamannorum.

Daß man sonst so geschwind aus dem Pfälzischen Ladenburg *Lugdunum* gemacht habe, ist noch wol zu verzeihen, da man selbst unser Neustadt an der Hardt in Italien versetzt. Herr W. C. J. Chrysander gab Ao. 1749. eine Abhandlung heraus *de primo Scripto Arabico, quod in Germania typis excusum est*, wo er S. 22. des *Jacobi Christmanni* Alphabethum Arabicum so anführet, als wenn es zu Neapel in Italien gedruckt worden, da es doch zu Neustadt in der Pfalz herausgekommen, nemlich *Neapoli Nemetum*.

XIV.

Nachricht von den Schriften *Wilhelmi Holderi*, insbesonder von denjenigen, so die Pfalz und Schweitz betreffen.

Die Disput, welche *Jo. Jacobus Grynæus* mit seinem Respondenten *Marco Beumlero* (*), einem

---

(*) Alting Hist. Ecclef. Palat. in *Monum. Pietat.* P. I. S. 248. nennet ihn *Baumlerum*;

nem Zürcher, Ao. 1584. im April zu Heidelberg gehalten, machte allenthalben grosses Aufsehen, und gab zu allerhand Streitschriften Anlas. Struv in der Pfälzischen Kirchen-Historie Cap. VII. §. XXXIII. S. 485. handelt von des *Holderi* hiehin gehörigen Schriften, die wir nun etwas umständlicher aufzählen wollen.

1.

Holder gab gegen den *Grynæum* zuerst eine Schrift unter dem Titul: *Cuculus*, heraus, welche Herr Struv l. c. eine heftige Schrift nennet, und zugleich das Vorgeben des *Hospiniani*, als ob unter des *Holderi* Namen Jacob Andreä Stärke zwar anführet, aber hinzusetzt: welches fast schwerlich zu glauben.

2.

Diesem *Cuculo* setzte Beumler (*) eine andere Schrift, *Falco* genannt, entgegen. Struv gedenket

---

lerum; welchem auch Struv Cap. VII. §. XII. S. 449. folget. Allein in der im Jahr 1728. zu Gröningen herausgekommenen Ausgabe des Altings heißt er mit Recht *Beumlerus*.

(*) In der Bibliothek zu Frankfurt an der Oder

gedenket l. c. derselben nur obenhin mit ein paar Wort. Der Titel lautet also:

„Falco à *Marco Beumlero* Tigurino emissus,
„ad capiendum, deplumandum & dilaceran-
„dum audaciorem illum *Cuculum* ubiquita-
„rium, qui nuper ex *Jacobi Andreæ*, mali
„corvi, malo ovo, ab *Holdero*, simplicissimâ
„Currucâ exclusus, & à Dæmonico Bavio
„Fescennio varii coloris plumis instructus, .
„impetum in Philomelas innocentes facere
„cœperat.

„*Dum Cuculus nimium confidit viribus, atque*
„ *Argutus acer dum petit hostis aves;*
„Ecce

Oder sind noch andere Schriften dieses *Beumleri*. Sehet *Catalagum Becmanni* S. 34. Eine davon besitze ich selbst; sie hat folgenden Titul: *De duabus gravissimis quæstionibus, conjunctione videlicet sacramentali & vera communione Corporis Sanguinisque Christi, adversus novum Synusiastarum figmentum, & futilem* Consensus Orthodoxi *refutationem, duo logici, breves & perspicui Tractatus Marci Beumleri*. Tiguri. 1584. 190. Blätter stark in 8. Die Dedication ad Consules & Senatores urbis *Sancti Galli* ist unterschrieben Basileæ pridie Iduum Sext. 1584.

„ *Ecce illum pedibus comprenſum eviſcerat uncis*
„   *Falco, his urbs miſit quem Tigurina locis.*
„ *Neoſtadii* Palatinorum, typis *Matthæi Har-*
„ *niſch.* „

Ohne 2. Bogen Vorrede und Gedichte iſt dieſe Schrift 92. Seiten ſtark in 4. Die Vorrede iſt unterſchrieben: *Heidelbergæ* 13. *Junii*; und die hinzugefügte lateiniſche Gedichte, nemlich des *Georgii Erneſti ab Altenſtein* an den Holderum, und des *Caſpari Waſeri* Tigurini an den *Andreæ*, ſind vom Monat Junii 1585.; in welchem Jahr dieſer *Falco*, der weder auf dem Titul-Blatt, noch am Ende, das Druckjahr anzeiget, herausgekommen iſt. Die Vorrede iſt an den Bürgermeiſter zu Schaffhauſen, Herrn Cunrad Meyer, gerichtet; wovon Beumler folgenden Grund anführet: Ut perpetuum & conſtantem in vera Religione inter Palatinatum Electoralem, cujus cauſſa hic potiſſimùm agitur, & inter reformatas inclytæ Helvetiæ Eccleſias conſenſum omnibus notum facerem.

Wir bemerken aus dieſer Schrift noch folgendes:

I.) In der Vorrede und im Tractat ſelbſt behauptet Beumler, Jacob Andreä ſey der wahre

wahre Verfaſſer des *Cuculi*, oder habe zum we.
nigſten dem *Holdero* die Materie hergegeben,
wenn ſchon der Styl und die Einkleidung dem
Holdero zukomme.

II.) Wird in der Vorrede angezeiget, warum
Grynæus, der mit wichtigern Geſchäften beladen,
nicht ſelbſt geantwortet habe, und hinzugefüget,
Grynæus und die Pfälziſchen Theologen ſeyen be-
reit, auf einem rechtmäſſigen Synodo, in Ge-
genwart der Fürſten und der politiſchen Räthen,
mit den Lutheriſchen Gottesgelehrten ſich ferner
zu unterreden; wovon man aber zu Tübingen
nichts hören wolle.

III.) Die Vorrede erzählet ferner, daß die
Univerſität zu Baſel in einem beſondern Schreiben die Tübingiſche erſucht habe, man wolle
doch, um Fried und Einigkeit in der Kirchen
zu erhalten, dem Jacob Andreä nicht ferner
geſtatten, ſo gegen den *Grynæum* zu ſchreiben.
Welches chriſtliche Begehren der *Cuculus* lächer-
lich zu machen geſucht. Bey welcher Gelegenheit einiges von den Verdienſten der Stadt Baſel an die Tübingiſche Hohe Schule erinnert
wird.

IV.) Endlich meldet die Vorrede, man habe
ſich Pfälziſcher Seits dieſes neuen Angrifs, oder
eines

eines solchen *Cuculi*, gar nicht versehen. Denn einige Wochen vorher, ehe er ausgeflogen, habe Friederich, Herzog von Würtenberg, dem Pfalzgrafen Johann Casimir zu Heidelberg die Versicherung gegeben, seine Theologen würden nicht ferner gegen die Heidelbergische schreiben; und er hoffe, den Pfälzischen werde gleichfalls ein Stillschweigen aufgeleget werden, welches Joh. Casimir auch ganz gerne verwilliget habe.

V.) Beumler hat in dem Tractat S. 16. N. 2. folgende Stelle: *Sylvanus, id quod norunt omnes, Ubiquitarius fuit, & in ducatu Wirtebergico aliquandiu ubiquitariam doctrinam acerrimè propugnavit.* Hieraus siehet man deutlich, daß der zu Heidelberg enthauptete Sylvanus eben der Sylvanus Athesinus sey, der erst Catholisch, und darauf im Würtenbergischen Lutherisch gewesen. Man vergleiche hiemit, was wir in unsern Ergözlichkeiten N. II. S. 8. hievon gemeldet.

3.

Hierauf gab Holder in Eil eine Schrift heraus, die Herr Strub l. c. gar nicht kennet, nemlich *Labyrinthi Sacramentarii Prodromum à* Wilhelmo Holdero, *ad Marcum quemdam* Beumlerum,

Beumlerum, *novitium Sacramentarium scriptum*. Tübingæ. 1586. 29. S. S. in 4.; worinnen aber nichts, so etwas zur Sache thut, enthalten ist. Fast am Beschluß S. 27. schreibt er also: *Hæc sunt, quæ Prodromi vice, Diaconus* (*) *ille Stutgardianus te scire, nunc quidem voluit.* S. 4. zeigt er, warum er nur *Labyrinthi Sacramentarii Prodromum* herausgegeben; woselbst er sich folgender Worte bedienet:

„ Etenim quòd *Falco* ille tuus Melancholi-
„ cis humoribus te abundare, nihil disfimula-
„ ret, nolui eum simul, universum & inte-
„ grum, in conspectum tibi dare, ne infelici
„ imaginatione *Minotaurum* quendam te ipsum,
„ atque huic omninò, etiam reluctantem, in-
„ cludendum putares. „

Doch im folgenden Jahr hat Holder noch eine andere Verwandlung zu Stand gebracht. Hier ist dieselbe:

4. *Asinus*

(*) Beumler hatte in der Vorrede seines *Falconis* vom Holder gesagt: *Quidam Holderus, Ecclesiæ, ut ajunt Stutgardiæ Diaconus.* Es scheint, Holder sey über die Worte empfindlich geworden.

4.

Aſinus Avis, hoc eſt, Metamorphoſis nova, quâ novitius quidam Sacramentarius, dum temerè in avem Falconem transire voluit, ridiculo errore in Aſinum commutatus eſt à Wilhelmo Holdero, *ad Sacramentarios Heidelbergenſes ſcripta.* Tübingæ. 1587. in 4to. Struv l. c. fällt darüber folgendes Urtheil: Welche Schrift voller Läſterungen iſt.

* * *

Sonſten hat ſich dieſer Holder auch durch andere Schriften bekannt gemacht, welche wir noch aufzählen wollen.

I.) Bericht, welcher maſſen Papſt Sixt, der fünfte dieſes Namens, die newe Augspurgiſche Bruderſchafft des H. Bergs Ander mit Gnad und Ablaß bedacht, - - geſtellet durch M. Wilhelm Holdern, Stiftsprediger zu Stutgarten. Jetz zum andern mal gedruckt zu Tübingen 1588. 76. S. S. in 4.

II.) Bericht von dem überkunſtreichen Buch des wahnwitzigen Probſts zu Pellan in der Steurmarck, D. Peter Muchitſch, ſo von ihme Schulführung der Würtembergiſchen Theologen

Theologen intituliert. Aus welchem zu sehen, daß gedachter D. Hirnkrand, und die Jesuiter, als sie ihne zu Patron ihrer Sachen bewilliget, einen Narren über Eyer gesetzt haben. Gestelt an die Jesuiter in der Steurmarck, durch M. Wilhelm Holdern, Tübingen. 1589. 8c. S. S. in 4.

III.) Bericht von zweien alten, vor Jaren gut Catholischen, und bey der Röm. Kirchen wol verdienten, jetzo aber, in der Jesuiter Calender, außgesetzten und verworffenen Heiligen, dem H. *Merito St. Congrui und St. Condigni.* Gestellt an die Jesuiter in der Steurmarck, zur Verantwortung auff Peter Muchitsch, zu Pöllan, Gewäsch durch M. Wilhelm Holdern, Stiffts-Predigern zu Stutgarten. Tübingen. 1590. 114. S. S. in 4.

IV) *Mus exenteratus h. e. Tractatus valde Magistralis, super quæstione quadam Theologicali, spinosa & multum subtili ut intus. Scriptus pro redimenda vexa ad Magnificum, scientificum, doctrinativumque, & catholico zelo ignitum virum,* Johannem Pistorium, Nidanum: *Theologum, sicut abyssi maris profundum, per fratrem* Wilhelmum de Stutgardia,
Ordinis

Ordinis Minorum. Virum malum vel mus mordeat. Tübingæ. 1593. 101. S. S. in 4.

Im *Indice libr. prohibit. Soto Majoris* S. 797. wird diese Schrift als ein Werk eines unbekanten und ungewissen Verfassers angeführt; allein in der Vorrede, welche das Consistorium Ecclesiasticum Wirtembergicum aufgesetzet, wird er ausdrücklich M. Wilhel. Holderus genant. Jo. Fechtius in *Schediasmat. sac.* S. 865. wünschte eine neue Auflage dieser seltenen Schrift. Hr. Vogt Catal. libr. rar. S. 350. 351. gestehet zwar die Seltenheit derselben, setzt aber hinzu: *Cùm hæc scriberet* Fechtius *, jam recusus extabat hic liber Tubingæ, typis Mart. Rommesi, 1688. in 8. quam editionem non satis cognitam Eruditis possidemus.* In Catalogo *Solgeri* B. II. S. 148. N. 744. wird dieses aus dem Hrn. Vogt so wiederhohlet. Doch Hr. Vogt hat diese Ausgabe in 8. nicht genau betrachtet. Ich besitze sie auch. Aber auf dem Titelblatt heißt es: *Editio secunda. Tubingæ, typis Martini Romeii,* 1687. Herr Vogt fehlet also so wohl in Anführung der Jahrzahl, als auch des Buchdruckers.

V.) In *Gerdesii Florileg. libr. rar. edit.* 1747. S. 134. und Edit. 1763. S. 172. hat Herr

Melchior Hurter eine andere Schrift dieses Holders angeführt, worin er eben so, wie in der vorhergehenden, de Sacramento Baptismi handelt, und eine Vertheidigung *pro Mure Exenterato* anbringt. Sie ist zu Tübingen 1594. in 4. gedruckt. Da Herr Hurter den völligen Titel hat, wollen wir nichts weiter davon melden.

VI.) In Beckmans Catal. Biblioth. Francof. S. 148. steht unter dem Artickel Holder folgende Schrift: *Admonitio de Th. Bezæ libello c. Pappum*, Tubing. 1560. in 4. welche ich aber noch nie gesehen.

XV.

Nachtrag zu Num. VI. Oder: Fernere Zusätze zu dem Pfälzischen Staats-Recht des Herrn Mosers.

Davon ist schon etwas in unsern Ergötzlichkeiten Num. VI. S. 23-30. abgehandelt worden. Ehe wir fortfahren, wollen wir noch etwas überhaupt bemerken.

I.) In

I.) In dem wochentlichen Mannheimer-Frag- und Kundschafts-Blatt vom Jahr 1762. Num. XII. liefet man folgendes öffentliches Avertissement: Es ist ohnlängst N. 50. und 51. des letzt verwichenen Jahrs J. J. v. Mosers Einleitung in das Churfürstlich-Pfälzische Staats-Recht -- als ein von denen Pfälzern gewünschtes, denenselben nützlich und ohnentbehrliches Buch angerühmet worden. Da nun aber diese Ausgabe ohne Chur-Pfaltz Vorwissen und Approbation geschehen, auch in solchem Druckwerck vielerley Unrichtigkeiten, und ganz irrige Angebungen, fort sonstige mit der eigentlichen Verhältnuß nicht bestehende Sätze enthalten sind; so wird es zur nähern Nachricht des *Publici* hierdurch angefüget.

II.) Herr von Moser hat auch wol voraus gesehen, daß ein solches Unternehmen nicht gleich anfangs vollkommen gerathen könne, indem er am Ende der Vorrede schreibet: Uebrigens ersuche ich alle geziemend, durch ihren gütigen Beytrag und Erinnerungen mich in den Stand setzen zu helfen, diese Arbeit bey einem wiederholten Druck noch vollständiger und brauchbarer liefern zu können.

S. 11.

Lieset man zwey mal *TOELNER*, soll aber Tolner heissen. Ich erinnere dieses nicht nur wegen des Herrn von Moser, sondern weil auch D. H. von *Finsterwald* vom Pfälzischen Hause öfters dieses fehlerhafte *Tælner* hat. Sonsten muß man von diesem Tolner und seiner *Historia Palatinatûs* des Herrn Kirchenraths Fladt Nachricht nachsehen in der Carlsruher nützlichen Sammlung B. I. S. 201. 237. 241. Auch neulich hat Herr Grnner in den *Opusc. Hist.* B. II. S. 29-35. diese Historiam Palatinatûs *Tolneri* angegriffen.

S. 13. §. 9.

Herr Moser scheinet die kurzgefaßte Einleitung zum Pfälzischen Staats-Recht nicht gekannt zu haben, die Herr Fladt Ao. 1735. in 8. herausgegeben, und in demselben Jahr in den Tübingischen gelehrten Zeitungen recensiret worden. Hiehin gehören auch, mit Absicht auf Neuburg, *SEBASTIANI KHRAISERI Declarationes Privilegiorum Ducatus Neoburgensis, etiam in Electoratu Bavarico receptæ, cum jure communi collatæ.* Neoburgi. 1643. in 4. Und in so weit kann man auch nützlich gebrauchen

gebrauchen *CASP. SCHMIDT Commentarios ad jus Provinciale Bavaricum*, welche im Jahr 1695. in 3. Folio-Bänden zu München herausgekommen.

S. 15. §. 1.

Meldet Herr von Moser, daß in der Schreibart des Pfalzgräflichen Namens niemal eine Veränderung vorgegangen, und daß man im Teutschen allezeit Pfalzgraf geschrieben. In der wegen der hohen Schwangerschaft unserer Durchl. Churfürstin den 6. April 1761. gehaltenen, und hernach-gedruckten Predigt, schreibt Herr Rieger (*) allenthalben Palz, mit Auslassung des Buchstabens F; weil es nemlich von *Palatio* herzuleiten sey.

S. 17. 18.

In den *Actis Academiæ Theodoro-Palatinæ* B. I. S. 76-112. lieset man *JO. DAN. REISEISSENII Commentationem victricem* über die aufgegebene Frage *de Origine Comitis Palatini &c.*

E 5   S. 34.

―――――――――――――――――――――

(*) Herr Rieger ware damal Reformierter Prediger an der H. Geist-Kirche; ist aber jetzt auch zugleich *Professor Theologiæ*.

S. 34. §. 6.

Was Churfürst Friederich III. wegen der Reformierten Religion Ao. 1566. auf dem Reichs-Tag zu Augspurg zu überstehen gehabt, hätte die wol mit einem Wort können gemeldet werden. In der Senkenbergischen Sammlung von ungedruckten und raren Schriften findet man B. I. S. 313-319. die Acta, die dazumal auf diesem Reichs-Tag verschiedene gegen Pfalz hervorgebracht, nemlich der Bischof von Worms wegen Neuhausen und Senßheim; ferner die Städte Oderuheim und Oppenheim, wie auch die Kämmerer von Worms, genannt von Dalburg, und endlich die Abbatissin des Klosters Selingenpfort. Von diesem finde ich nirgends etwas bey dem Herrn Moser, und habe es also hie gelegentlich erinnern wollen.

S. 81. §. 14.

Hiehin gehöret auch unsers Herrn Alefs Disput *de Tutela Electorali*, die er Ao. 1734. hier zu Heidelberg gehalten, und in seinen im Jahr 1753. herausgekommenen *Opusculis* oder *Diebus Academicis* S. 665-682. aufs neue abdrucken lassen. Er handelt zwar überhaupt von dieser Sache;

Sache; doch sind alle Fragen so abgefaßt und beantwortet, daß man dieselbe leichtlich auf unsere Pfalz ziehen kann.

S. 84. §. 17.

Hie haben die Pfälzer des Herrn von Hertlings Disput *de Principe Successore ad facta Antecessoris obligato.* Heidelberg. 1734.

S. 91. §. 23.

Eben so merkwürdig ist, daß Churfürst Carl Ludwig bey der Geburt seines Prinzen Carls die vier Reformierten Schweitzer-Cantons zu Gevatter erbetten; denen auch Churfürst Carl, vermuthlich aus diesem Grunde, einiges in seinem Testament zugedacht hatte.

S. 100. §. 4.

Ausser den Churfürsten hat man auch einen in die Acht erklärten Pfalzgrafen, *Ottonem Minorem*, den so genannten Kaiser-Mörder.

S. 112.

Wie sich Veldenz Ao. 1570. auf dem Reichs-Tag zu Speyer wegen der Erbschaft Ott Heinrichs

richs geregel, liesst man in der Senkenbergischen Sammlung B. II. S. 16, und 103.

S. 122. Z. 3.

ist die Rede von Clara von Dettingen. Herr Kremer in der Geschichte Friederichs I. S. 527. widerlegt diesen allgemeinen Irrtum, und zeigt, daß sie Clara Dettin geheissen habe.

S. 135. §. 13.

Senkenbergs Abhandlung von dem Gebrauch des uralten, deutschen bürgerlichen und Staats-Rechts, so zu Frankfurt in 8. herausgekommen, liefert uns auch eine Untersuchung, wie der Pfalzgraf am Rhein vor verschiedenen Herzogen ein Erz-Amt bekommen.

S. 152. §. 1.

Des Herrn Harpprechts Vierter Theil des Staats-Archivs des H. R. Reichs Cammer-Gerichts enthält eine umständliche Geschichte des Chur-Pfälzischen Reichs-Vicariats.

S. 174. §. 2.

In der Senkenbergischen Sammlung B. III. S. 293-303. findet man ein Ao. 1615.
auf-

aufgesetztes Bedenken: Ob des H. Reichs Stätten rathsamb, sich in die under Calvinischer Direction aufgerichtete Union zu begeben.

S. 193. Cap. VI.

wird die Churwürde beschrieben. Es wurde mehrmalen die Frage, die auch im 30. jährigen Krieg, in Ansehung Pfalz und Böhmen, vorkam, aufgeworffen: Ob Ein Churfürst zwey Churfürstenthümer zugleich besitzen könne? Im Jahr 1729. kam eine Erörterung dieser Frage auf 3. Bogen in 4. heraus, welche schon längst unter die Seltenheiten gezählet wurde. Herr Oelrich hat dieselbe seinen Ao. 1760. herausgegebenen Beyträgen zur Geschichte und Litteratur S. 9-34. einverleibet. Im Vorbericht giebt er auch eine vollständige Nachricht von denen über diese Frage im Druck vorhandenen Schriften.

S. 205. §. 5.

Herr Kirchenrath Fladt hat seiner Ao. 1749. herausgegebenen Abhandlung von veränderlicher Bedeutung einiger lateinischer Wörter S. 14. noch einen Zusatz beygefüget, von der Pfälzischen bey den Rhein-Landen verbliebenen

nen Würde; worinn er gegen den Anhalt-Bernburgischen Herrn Hofrath Gelger behauptet, man müsse die Churwürde, so die Pfalzgrafen besessen, (*Dignitatem Electoralem*) ja nicht mit der Pfälzischen Würde (*Dignitate Palatina*) vermischen. Ueber die erstere, und nicht über die andere, habe Bayern und Pfalz gestritten; man könne also nicht sagen, daß die Pfälzische Würde (*Dignitas Palatina*) in dem Westphälischen Frieden auf Bayern gefallen.

S. 229. §. 5.

Von der Herrschaft über den Rhein wird drunten, in Ansehung Straßburgs, bey der 365. Seite noch etwas vorkommen.

S. 231. §. 9.

Hie kann man auch Herrn D. Orths Sammlung merkwürdiger Rechtshändel nachsehen, wo B. II. (so Ao. 1767. herausgekommen) n. 9. ein Nachtrag erscheinet, welcher die in der Abhandlung von den zweyen Reichsmessen der Stadt Franckfurt angeführte Sätze, wegen des Chur-Maynzischen, Pfälzischen und Darmstädtischen Meßgeleits, erläutert und verbessert.

S. 241.

S. 241. §. 17.

Hiehin gehört die wichtige Disput des Herrn P. J. Wreden, welche er unter dem Vorsitz des Herrn Aleß gehalten, und zwar unter dieser Aufschrift: *Gemma Juris Palatini; seu Tractatio exegetica* über den so genannten Zent-Vertrag *de Anno* 1560. &c. Sie ist in des Herrn Aleß *Opusculis* S. 787-896. mit eingerückt worden.

S. 241. §. 19.

Von der Pfälzischen Landvogtey im Elsaß muß man SCHOEPFLINI *Alsat. illustr.* B. II. S. 570-576. nachsehen. Und so wird man insbesonder finden, daß dieselbe Ao. 1558. (und nicht Ao. 1542., wie Herr Moser will,) von dem Pfälzischen Hause an Oesterreich gekommen.

S. 300.

Wie sich Worms Ao. 1566. auf dem Reichs-Tag gegen Pfalz wegen diesen Stiftern beschwert, haben wir droben bey der 34sten Seite §. 6. aus der Senkenbergischen Sammlung bemerket. Wo aber das eine Stift nicht Sintzheim, sondern Sensheim genannt wird.

S. 314.

S. 314.

Kommen die Acta mit Darmstadt wegen Umstatt vor. Hiebin gehört das Ausschreiben des Fürstl. Hessen-Darmstädtischen Oberamts vom 15. April 1762., welches im Frankf. Journal Ao. 1762. n. 65. unter den Avertissements steht. In eben diesem Journals-Anhang vom Jahr 1763. findet man die Antwort darauf, so das Chur-Pfälzische Oberamt zu Umstatt unter dem 18. Jan. aufgesetzt.

S. 360. §. 87.

Hiebin kann man noch folgendes aus der Senkenbergischen Sammlung B. II. S. 35. anführen, so Ao. 1570. auf dem Reichs-Tag vorgekommen:

„Stad Schweinfort haben Privilegien,
„einen Reichs-Vogt als zu Irem selbst Schutz-
„herrn zu erwelen; also haben sie hiebevor ge-
„habt, die Fürsten Henneberg, Hessen,
„Pfaltz, ec.

S. 365. §. 89.

Ao. 1760. erschien Ludw. Henrich Nicolai *de Argentinensium in Rheno navigatione Commentatio*

mentatio historico-juridica, in 4. Sie hat vieles von den Rheinischen Churfürsten. Insonderheit wird §. 10. S. 30. u. f. erzählet, was zwischen Pfalz und Straßburg, sonderlich unter der Regierung des jetzigen Churfürsten Carl Theodors, abgehandelt worden.

S. 384. §. 107.

Wir wundern uns, daß hie des Franz von Sickingen mit keinem Wort gedacht wird, mit welchem doch Pfalz in öffentlichen Krieg verwickelt gewesen.

S. 385. §. 109.

In meinen Ergötzlichkeiten Num. VI. Seite 28. hab ich die Acta mit Dännemark erweitert; wo aber durch einen Druckfehler gesetzt worden, Friederich von der Pfalz sey vermählt gewesen mit der Schwester Kaiser Carls V. Es soll heißen: mit dessen Schwester-Tochter.

S. 386.

Um das Jahr 1557. ware Pfalz wegen einem feindlichen Winterlager der Engländer in Furchten. Sehet Briefe an die Könige von Dänemark, B. I. S. 318.

S. 388.

S. 388. §. 11.

Hie wird Lünigs *Theat. Ceremon.* angeführt, um daraus zu zeigen, wie Churfürst Friederich III. Ao. 1575. den König Henrich tractirt habe. Ich habe bald darauf in einer besondern Piece gehandelt, von dem Ceremoniel, welches Churfürst Friederich III. gegen den König Heinrich zu Heidelberg beobachtet; wo dem Lünig und Herrn von Moser verschiedene Fehler gezeiget worden. Ich habe hernach gefunden, daß man noch andere Anecdoten von dieser hohen Zusammenkunft herumträgt, die aber eben so ungegründet sind. In dem Schreiben eines guten Freundes an seinen guten Freund, worinn er ihm einen Beytrag zu seiner edirenden *Bibliotheca Satyrico-Morali* mittheilet, Fränkf. und Leipz. 1746. in 8. lieset man S. 39. folgendes:

„Die am Pfälzischen Hof paßirte satyrische
„Anführung über die Pariser-Blut-Hochzeit hat
„mich ungemein vergnügt. Denn wie Henri-
„cus III. als erwehlter König nach Pohlen ging,
„unterwegs aber beym Churfürsten zur Pfalz
„einkehrte, war in dem Königl. Gastzimmer
„mit allem Fleiß ein grosses Gemählde aufge-
„henkt, worauf diese mecHante Massucre ab-
„geschildert

„ geschildert stuhnde. Der Churfürst fragte den
„ König? Ob er wol diese Personen kennte?
„ Worauf er replicirte: Ja, ich kenne sie wol.
„ Der Churfürst erwiederte: Diejenige, wel-
„ che sie umgebracht, sind sehr unglücklich;
„ es waren ehrliche Leute und grosse Gene-
„ rals. Das ist wahr, versetzte der König,
„ sie hätten solche Leute seyn können, wenn
„ sie gewollt. Jedoch der Churfürst wußte
„ noch eine bessere und lebendigere Satyre zu
„ spielen; denn er ließ den König zu desto meh-
„ rerm Chagrin von lauter Franzosen bedienen,
„ die aus diesem Blut-Bad entronnen waren;
„ und die Hertzoge von Nevers und Nemours,
„ welche teutsch konnten, hörten von nichts re-
„ den, als von Lothringischen Schlächtern,
„ (das Haus Guise) und Italienischen Ver-
„ räthern, (welches die berüchtigte de Medicis
„ war.) „

So gehts, wenn man etwas artiges sagen
will. So wird öfters eine Geschichte auf hun-
derterley Art eingekleidet. Solche Anecdoten sind
doch witzig! Das ist wahr: Aber der Witz muß
sich nicht auf Unkosten einer historischen Wahrheit lustig machen.

D 2 S. 389.

S. 389. Z. 1.

Von diesem Zug Casimirs nach Frankreich wurde auch zu Regenspurg Ao. 1575. gehandelt. Sehet Senkenbergische Sammlung, B. III. S. 54-58.

S. 394. §. 113.

Lang vorher war Johann Casimir mit unter den Candidaten zu der Pohlnischen Crone. Ich beweise diesen nicht sehr bekannten Umstand aus *QUIRINI REUTERI Orat. de vita & morte Jo. Casimiri*, Heidelb. 1592. Die Dedication ad illustrem & generosum Dominum *Felicem Slupezky* de *Conari* & *Opele*, hat folgende merkwürdige Stelle:

„ *Jo. Casimiri* memoriam tibi scio gratissi-
„ mam, sacram & perennem, sicut & apud
„ Patriæ tuæ proceres honorificam; quorum
„ olim post Regis vestri *Sigismundi Augusti*
„ mortem non pauci *Casimirum* regio Sceptro
„ dignum judicarunt. „

S. 399. §. 118.

stehen die Acta mit den Republiquen; wo aber die Schweitz ganz vergessen wird. In unsern fern Ergötzlichkeiten Num. III. S. 10-13. haben wir etwas von der Freundschaft der ältern Pfälzischen Churfürsten mit den Schweizern gemeldet. Von den Churfürsten Carl Ludwig und Carl ist schon droben bey der 91. Seite §. 23. einiges angeführet worden.

S. 534. §. 27.

Fast eben wie Ludwig schreibt auch Herr Putter in seinem Handbuch von teutschen Staaten B. I. S. 438. von der Pfalz: An Salz ist Mangel. Doch hätte Herrn Moser nicht nur die Türckheimer Salzwerke loben sollen, sondern auch die Saline zu Creutznach, oder die so genante Theodors-Hall.

S. 539. §. 31.

Man vergleiche des Herrn P. W. B. Fladts Historische Untersuchung - - - von der Pfälzischen Münz-Gerechtigkeit ꝛc. Heidelberg 1758. in 4. Anno 1760. eröfnete Herr Georg Christ. Crollius zu Zweybrücken seine Historisch-rechtliche Gedancken von dem Ursprung des Pfälzischen Münzregals. In den Abhandlungen der Dußburgischen gelehrten Gesellschaft, B. I. (so in 4. herausgekommen)

men) findet sich über diese Materie ein besonderer Auffatz. Herr Exter zu Zweybrücken fähret in seinem Versuch von Pfälzischen Münzen zum Vergnügen der Pfälzer noch immer fort.

S. 643. §. 46.

Ueber dieses Document haben Herr Fladt und Herr Bernhard folgende Streitschriften gewechselt:

I.) „Noch fest stehendes Lehenherrliches
„ Recht des Churfürsten von der Pfalz, über
„ die *Comeciam in Wetteravia*, in untersuchtes
„ Urkund und der von dem Hanauischen *Archi-*
„ *vario* Herrn Bernhard dagegen gemachter
„ Einwürfe, geprüfet von P. W. L. Fladt.
„ Franckf. und Mannheim 1747. 19. S. S.
„ in 4.

II.) „Wahre Beschaffenheit der ehemaligen *Comiciæ* in der Wetterau, zu einem
„ richtigern Begrif desjenigen, was vormals in
„ den Altertümern der Wetterau Lib. II.
„ Cap. VI. geschrieben worden, von Joh. Adam
„ Bernhard. Franckf. 1748. 24. S. S. in 4.

III.) „Fladts Sendschreiben an einen guten
„ Freund, bey Gelegenheit der ohnlängst her-
„ ausge-

„ ausgekommenen Bernhardischen wahren Be-
„ schaffenheit der ehemaligen *Comeciæ* in der
„ Wetterau. Heidelberg 1748. 36. S. S.
„ in 4.

Herr Fladt bemerket, man müsse lesen *Nuringis* und nicht *Surnigis*, welche letztere Lesart auch Herr von Moser beybehalten hat.

XVI.

II. *Diplomata* des Römischen Königs *RUPERTI*, welche die Pfalz und Schweitz angehen.

(*Ex Originali.*)

§. 1.

Eine diplomatische Geschichte dieses Römischen Königs haben Verschiedene unternommen. Zum Beysp. Herr Oertel in einer besondern Disput, A. F. Glasey *Hist. Germ. Polem.* P. II. Cap. IX. S. 483-500., und Köhler in der Teutschen Reichs-Historie S. 332-336.

§. 2.

Folgende hiehin gehörende diplomatische Schriftsteller habe ich bisher angezogen gesehen, nemlich den Verfasser des *Apparatus Juris publici*, oder die *Acta depositionis Wenceslai & electionis Ruperti, Regum Romanorum*, Straßburg 1696. und Frankf. 1754.; ferner den Datt, Freher, Goldast, Gudenus, Imhof, Leibnitz, Lehmann, Lersner, Lünig, Martene, *du Mont*, Schilter und Wenker. Doch wundere ich mich sehr, daß man des Herrn von der Hardt *Concilium Constant.* ganz aus der Acht gelassen, da sich doch Tom. I. P. I. S. 135. und Tom. III. S. 8. einige den *Rupertum* betreffende Diplomata vorfinden. Dergleichen trift man auch in folgenden neuern Schriften an, die wir nun noch hinzusetzen wollen:

Acta Academiæ Theodoro-Palatinæ, B. I. S. 54. n. VIII. S. 74. n. XXII. S. 391. n. II.

Herr Crollius und Herr Fladt in ihren den Rupertum Pipan und dessen Gemahlin Elisabeth angehenden Schriften.

Herr von Hertling, der Ao. 1748. in Fol. das *Jus Universitatis Heidelbergensis urbi & orbi ostensum*, herausgegeben.

J. P. Rein-

J. P. Reinhard in den Beyträgen zur Historie Frankenlands B. I. S. 1-55.

Der berühmte Herr von Senkenberg, hin und wieder in den *Selectis Juris & Historia,* wie auch in der Senkenbergischen Sammlung von ungedruckten und raren Schriften.

Joh. Jacob Simler in seiner Sammlung alter und neuer Urkunden, B. I. u. 2.

§. 3.

Doch bey Anführung solcher Urkunden sind verschiedene Fehler begangen worden. Neben denen, so vom Herrn Fladt und Herrn Crollius bemerket worden, sind mir noch folgende aufgestoßen:

I.) Herr Köhler hat in seiner Reichs-Historie S. 325. folgendes: Ao. 1381. liessen sich bey 72. Städte in ein Bündniß ein wieder die Herzoge von Bayern, Pfalzgrafen beym Rhein 2c. und beruft sich auf die Urkunde beym Lehmann *Chron. Spir.* Lib. VII. C. 66. S. 746-748. In welcher doch folgende Ausnahme, welche offenbar gegen Herrn Köhler streitet, vorkömmt.

„ So nehmen wir uß die Durchleuchtigen
„ Hochgebornen Fürsten, Herzog Ruprecht
„ den

„ den Aeltern, Herzog Ruprecht den Jüngern,
„ Herzog Ruprecht den Jüngsten, Herzog
„ Stephan, Herzog Friedrichen, und Herzog
„ Hansen, alle Pfalzgrafen bey Rhein, und
„ Herzogen in Bayern.

II.) Irret sich Herr Schmink, wenn er in der Dis. Hist. *de Wenceslao, Rege Romanorum*, §. XLIV. S. 46. also schreibet:

„ *Wenceslai* ad *Argentoratenses* literas *Fuch-*
„ *sius* edidit in accessionibus suis ad *LEH-*
„ *MANNI* Chron. Spirense Lib. VII. C. 59. --
„ His addantur literæ *Jodoci* Marchionis Bran-
„ denb. & Moraviæ ad eosdem *Argentoraten-*
„ *ses*. Vide *MENCKERI* App. Archiv. p. 272.

Frenlich gehet dieser Brief des *Jodoci* die Straßburger an. Allein die Briefe, die Herr Schmink aus dem Lehmann anführet, sind nicht an Straßburg, sondern Regenspurg gerichtet. Denn man lieset daselbst Lib. VII. Cap. 59. S. 735. dieses: Das an Regenspurg abgesandte Schreiben lautet also 2c.

III.) Herr Hoffmann meldet in seinen vermischten Beobachtungen B. I. S. 142. §. 15. folgendes:

„ Es

,, Es währete die Freundschaft und das gute
,, Vernehmen zwischen dem neuen König Rupert
,, und denen vorhin verbündet gewesenen Chur-
,, und Fürsten nicht gar lange. Noch von
,, dem Jahr 1400. selber lieset man in Ja-
,, cob Wenkers *Apparatu Archiv.* (*) - - -
,, - - des Churfürsten von Maynz Fordrung
,, an den Römischen König Ruprecht, so in
,, 17. unterschiedlichen Puncten bestehet, und
,, kein gut Geblüt zwischen diesen beeden Herren
,, erhalten können. Doch hatte der Churfürst
,, den König noch so lange nöthig, bis er das
,, folgende Jahr 1401. mit seinem Gegner Gott-
,, fried von Leiningen vertragen ware. Siehe
,, Köhlers Münz-Belustigungen IV. 341.

Diesen Vertrag lieset man freylich am ange-
zogenen Ort. B. IV. S. 341. und 342. wird
aus Wenkers *Apparatu Archivorum* n. L. S.
290. angeführet, des Churfürsten von Maintz
Forderung an den Röm. König Ruprecht.
Doch in Ansehung des Jahrs, in welchem Maynz
diese Forderung hervorgebracht, irren beyde Gelehrte. Denn Herr Köhler stellet die Sache so
vor, als wenn diese Maynzische Forderung
noch

(*) Die Seiten-Zahl wird nicht gemeldet.

noch vor dem Marbacher-Bund hergegangen; und Herr Hoffmann bringt diese Forderung gar auf das Jahr 1400. Die oben angeführte Stelle zeiget auch zur Genüge, daß es Herr Hoffmann recht ernstlich mit diesem 1400. Jahr meyne, und daß es durch keinen Druckfehler könne entschuldiget werden. Allein allen diesen Fehlern können wir leicht ausweichen, so wir nur den Wenker selbst aufschlagen. Bey demselben lieset man S. 290. n. L. folgendes: Des Churfürsten von Maintz Fordrung an den Röm. König Ruprecht, *de Anno* 1410. Der ganze Zusammenhang der Rupertinischen Geschichte führet uns von selbsten auf das Jahr 1410. aber gar nicht, wie Herr Hoffmann will, auf das Jahr 1400.

So leicht kann man bey den Urkunden anstoßen. Solche Beyspiele müssen uns immer vorsichtiger machen.

§. 4.

Doch wir wenden uns nun zu den bishero ungedruckten Urkunden. Die erstere haben wir dem Herrn Simler zu danken. Das Original, wovon uns Herr Simler eine genaue Abschrift besorgen lassen, befindet sich in dem Zürchischen Archiv, und enthält folgendes:

Wir

Wir Ruprecht von GOtes Gnaden Römischer König, zu allen Zeiten Meerer des Richs bekennen und thun kundt allermenglich mit diesem Brieff, die in ansehent oder hörent lesen, un oder hernach, das wir durch der Truw und mengfaltiger Dienst wegen, so unser und des heiligen Richs lieben getruwen, der Burgermeister, der Rat und die Burger gemeinlich der Statt Zürich, unser Vorvaren an dem heiligen Römischen Rich, Keisern und Künigen, offt nuzlichen und willeglichen erzöget habend, und och uns selber täglichen erzögent, und noch thun sollent und mögent in könfftigen Ziten, und och darüber, das wir dieselben unser und des Richs lieben getruwen die Burger und Statt gemeinlich zu Zürich in unser und des Richs Diensten und Truw dester williger und breiter machen mügent; So nemment wir so und die jren in unser und des heiligen Richs Schirme und Gnad; und haben och mit wolbedachtem Mut und mit gutem Rat unser Kurfürsten, und vil ander unser und des Richs Fürsten, edlen und getruwen, denselben unsern lieben und getruwen Burgern, iren Nachkommen der vorgenannten Statt zu Zürich und allen den jren bestetiget, bevestnet,

veſtnet, ernůwert und confirmieret, beſteten, beveſtnen, ernäweren und confirmieren jnen mit Kraft diß Brieffs mit rechter wiſſent und Römiſcher Küniglicher Macht alle und jeglich, jr und der Statt Zürich, und der jren rechte Gnad, Friheit und gute Gewohnheit, die ſy und die jren von unſeren Vorvaren an dem Römiſchen Rich Keiſern und Künigen bishar harbracht und erworben habent, und och alle jr Privilegen. Handveſtinen, Frigheit und Brief, die ſy darum habend, alſo das ſy jr Nachkommen die Statt von Zürich und alle die jren bey denſelben jren Rechten, Gnaden, Frigheiten, guten Gewohnheiten nach Lut und Wiſung derſelben jr Privilegien, Handtveſten und Brieffen ewiglich beliben ſollent, von uns, unſeren Nachkommen an dem Rich, und allermengklichen ungehindert, als dieſelben Frihelten nach jren Puncten, Articlen, Meinungen und Stücken von Wort zu Wort begriffen ſeind, und gleicher Wyſſe, als ob ſamliche Handtveſtinen und Brieff von Wort zu Wort in dieſem gegenwirtigen Brieff begriffen weren. Urkunde diß Brieffs verſiglet mit unſer Küniglicher Majeſtet Ynſigel.

Geben

Geben zu Amberg uff dem nächsten Sonnentag nach St. Bartholomeus-Tag der heilligen 12. Botten. In dem Jar als man zehlt nach Christi Geburt vierzehen hundert und ein Jar, unsers Rich in dem anderen Jare.

Das andere Diploma ist zwar von den jungen Prinzen dieses *Ruperti* ausgefertiget; doch dieses hindert uns gar nicht, dasselbe den Rupertinischen Urkunden beyzuzählen. Wir haben dasselbe von dem hiesigen Original abgeschrieben.

Wir Ludwig und Hans, Gebrüder, von GOts Genaden Pfaltzgraven by Rine und Hertzogen in Beyern, Bekennen und tun kunt vor uns und alle unse Erben offenbare mit diesem Brieffe allen den, die yn ummer ansehent, lesent oder horent lesen. Wand die durchluchtigen hochgeboren Fursten Her Ruprecht der eldste, unser lieber Vetter, und Her Ruprecht der elter, unser lieber Anherre seligen derselben der almechtige GOt barmhertzig sin wolle, und der allerdurchluchtigste hochgeborn Furste und Hre Her Ruprecht von GOts Genaden Romischer Konig zu allen Zyten Merer des Riches, unser lieber Hre und Vatter, an unserm

heiligen

heiligen Vatter dem Babſt erworben hant
eine gemeyne Schule und Studium in ir
Stad Heidelberg eweclich zu ſin und das et-
wie viele Jare her da gehalten und gehant-
habt und auch den Meiſtern und dem Studium etlich gude Genade und Freiheid eweclich geben vermacht und geordent hant GOte
zu Lobe und der Chriſtenheid mit gotlicher
Lere und Wißheid zu Beſſerunge. Darumb
han wir Hertzoge Ludewig und Hertzoge Hans
vorg. vor uns und unße Erben ſamet und
beſunder dem obgen. unſerm lieben Hren
und Vatter geredt und verſprochen in Crafft
diß Brieffs, das wir und unße Erben die
obgen. Schule und Studium eweclichen be-
halten und hanthaben ſollen und wollen by
allen Friheiden und Genaden bliben und
yne alle Gut zu laſſen, die yn die obgenan-
ten unſere lieben Vetter Anherre und Vatter
geben, getan, vermacht und verbrieffet hant,
und uſer Hre und Vatter noch furbas geben und vermachen wirdet, und ſo by denſelben allen Friheiden, Genaden und Guten
allewege getrulich ſchirmen, ſchüren, ver-
entwerten und banthaben ſollen und wollen,
und mit nicht überfaren, noch den unſern

Ampt-

Amptluden oder andern oder yemand anders
als ferre wir mugen geſtatten zu uberfaren
in dheme wiß one alle Geverde und ſollen
und wollen mit GOttes Hulffe die obgñt
Schule und Studium mit Friheid Eren ga-
ben und fliſſig Hanthabunge allezyt beſſern
und nit ergern one alle Geverde und Argeliſt und alle und yglich dieſe vorgñt Stucke,
Puncte und Artickel, wie die von Wort zu
Worte hievor beſchrieben und begriffen ſiend,
ſollen und wollen wir Hertzoge Ludewig und
Hertzoge Hans obgñt und alle unße Erben
ſamet und beſunder eweclich veſte ſtete und
unverbruchlich dun und halten und darwie-
der nummer getun noch ſchaffen getan werden in dheme wiſe geiſtlich oder wertlich uß-
geſcheiden allerley Argeliſt, Wiederrede und
Geverde, und han das alles in aller maſſen,
als vorgeſchrieben ſteed, in rechter gantzer
Warheid und by unſern Rechten, fürſtlichen
Eren und Truwen globt und verſprochen,
globen und verſprechen in Crafft diß Brieffs
und auch zu den Hellgen geſworen und han
des zu Orkunde und gantzer ewiger Stetikeid
unße eigen ingeſiegele vor uns und alle unſer
Erben ſamet und beſunder an dieſen Brieff

E   dun

dũn hencken, und han auch sametlich gebe-
den den Edeln Gräve Emichen von Lyningen,
unsers obg. Herren und Vatters Hofemeister,
und die frommen strengen Hern Wiprecht von
Helmstad, den alten Hrn Hausen vom Hirtz-
born, Hrn Johann Kemerer, den man nennet von Dalburg, und Hern Rudolf von Zeißekeim, Ritter, das sie zu merem Gezugniß
aller und yelicher vorgeschrieben Stucke,
Puncte und Artickel, nnd uns und alle unser Erben der eweclich damit zu besagen yrè
eigen Ingesiegele by die unsern an diesen
Brief gehangen hand. Und wir Grave
Emich von Lyningen, Wiprecht von Helmstad,
Hans vom Hirtzhorn, Johann Kemerer, Rudolf von Zeißekeim, Ritter, obgent bekennen,
das wir um flißiger Bete willen der hochgebornen Fürsten und Hren Hern Ludewiges und
Hern Hansen Pfaltzgraven by Rin und Hertzogen in Beyern obg. unser genedigen Hrn zu
merem Gezugniß aller und yelicher furgeschr.
Stucke, Puncte und Artickel, und sy und
alle ir Erben der eweclich damit zu besagen
unße eigene Ingesiegele by die yren an diesen Brieff. gehangen han. Geben zu Heidelberg off sant Peters Tag *ad Vincula* zu latine

in

in dem Jare da man zalte nach Christi Geburte dusend vierhundert und eine Jare.

Die 7. angehängte Siegel sind noch ganz unverletzt. Auf eben diesem Tag haben beyde Pfälsische Prinzen eine Bestätigung der *Dispositionis Rupertorum* ausfertigen lassen, welche beym Tolner *Cod. Diplom.* S. 159. n. CCIX. vorkömmt, und wobey auch die obige Zeugen sind gebraucht; ausser daß denselben noch der Ehrw. Herr Rauen, Bischof zu Speyer, zugesellet worden. Nur dieses muß ich bemerken, daß Tolner die Namen bisweilen anders geschrieben hat, als sie in unserer Urkunde stehen. Hier sind die verschiedenen Lesarten:

Emich von Lyningen, wo Tolner hat Emych.

Wiprecht von Helmstad, wo Tolner lieset Wyprecht von Helmstatt.

Hans vom Hirtzhorn, wo Tolner setzet Hans von Hirschhorn.

Rudolff von Zeißekeim, wo Tolner abdrucken lassen Rudolph von Zeysickem.

Ich kann aber bezeugen, daß ich die Namen ganz getreu aus unserm Original abgeschrieben. Eben dieses behaupte ich auch überhaupt von der ganzen

ganzen Urkunde. Man hat sich also nicht daran zu stoßen, wenn etwa eine andere und nach dem neuern Geschmack eingerichtete Schreibart bey dem Tolner hie und da in der belobten CCIX. Urkunde angetroffen wird.